HENRI MARCHAND

ET LE

GLOBE TERRESTRE

De la Bibliothèque de Lyon

NOTE

PAR

AIMÉ VINGTRINIER

Bibliothécaire-Adjoint de la Ville

LYON

CLAIRON-MONDET, LIBRAIRE

8, PLACE BELLECOUR, 8

M DCCC LXXVIII

HENRI MARCHAND

ET LE

GLOBE TERRESTRE

De la Bibliothèque de Lyon

NOTE

PAR

AIMÉ VINGTRINIER

Bibliothécaire-Adjoint de la Ville

LYON

GLAIRON-MONDET, LIBRAIRE

8, PLACE BELLECOUR, 8

M DCCC LXXVIII

A M. ETIENNE MULSANT

Bibliothécaire en Chef de la Ville de Lyon,

Membre correspondant de l'Institut.

Hommage de respect et de dévoûment.

AIME VINGTRINIER.

Lyon, 15 Février 1878.

HENRI MARCHAND

ET LE

GLOBE TERRESTRE

DE

LA BIBLIOTHÈQUE DE LYON

Il y a quelques semaines, le nom du Père Grégoire était complètement oublié à Lyon ; ses vertus, son savoir, ses immenses travaux étaient lettre morte pour ses compatriotes. De son vivant, l'humble religieux avait fui l'éclat et le monde, recherché la solitude et l'obscurité, désiré de n'être connu que de Dieu et de ses frères en religion ; il avait été servi à souhait. Tandis qu'à notre époque, les plus minces personnalités sont heureuses de se hisser sur un piédestal, que le public crédule prend au sérieux le versificateur qui a fait un petit volume de petits vers, ou le peintre qui a jeté vingt fois sur la toile la même flaque d'eau bourbeuse ou le même intérieur de cabaret, un homme au vigoureux génie avait, au siècle dernier, fait reculer les bornes de la science, s'était montré puissant mécanicien, profond philosophe, habile théologien, vaste géographe et, de crainte du démon d'orgueil, s'était effacé, anéanti dans le silence, si bien que ses contemporains avaient coudoyé cet homme sans le voir, pris sa modestie pour de la nullité et s'étaient empressés de ne plus s'occuper de lui, dès que la dernière pelletée de terre avait été jetée sur son cercueil.

Mais il est une justice, et ceux qui s'élèvent trop haut de leur vivant sont souvent jetés brutalement à terre par la postérité, comme aussi, souvent, le mérite du savant obscur est enfin reconnu, le livre oublié lu avec transport, et le pauvre penseur, mort dans la misère et l'angoisse, porté en triomphe au Panthéon.

Ainsi a-t-on fait à Lyon pour Perrache, ruiné par une spéculation utile, criblé par les railleries des gens d'esprit, dépouillé, vilipendé, honni, poursuivi de haines et d'insultes, mort la honte au front et le désespoir au cœur, dans cette ville qu'il dotait d'un quartier nouveau, qu'il assainissait, qu'il enrichissait, et qui aujourd'hui donne son nom à ses rues, à ses places, à ses promenades, à ses quais, juste mais tardive réhabilitation.

Ne fera-t-on rien un jour pour ce Lehmann, si habile graveur ; ce Martin, qui a dessiné, gravé, sauvé de l'oubli tous nos vieux monuments lyonnais ? Et pour ce malheureux Denonfoux, qui, lâchant la proie pour l'ombre, au lieu de faire modestement, petitement de l'architecture et de l'arpentage, qui lui eussent donné du pain, avait rêvé d'offrir 50 millions à sa ville natale, en redressant le cours du Rhône, en jetant le fleuve le long des balmes viennoises, en laissant près de la ville un canal commode pour la navigation et l'industrie, et, dans le vaste lit du fleuve desséché, bâtissant des quartiers nouveaux, ouvrant des rues, alignant des places et des quais, créant des jardins, jetant de tous côtés des monuments qui, à proximité de Bellecour et des Terreaux, eussent embelli et assaini la cité, tout en faisant ruisseler les millions dans sa caisse par la vente des terrains conquis ?

Leur jour viendra, et quand il sera venu, on sera étonné qu'il ne soit pas arrivé plus tôt.

Aujourd'hui, la réhabilitation de Henri Marchand est en bonne voie. Nous y avons contribué peut-être et ce sera un orgueil pour nous de penser que nous avons aidé à faire rendre justice à ce grand et modeste homme de bien.

On sait peu de chose de sa vie. Les biographes en ont à peine parlé. Michaud l'oublie, Didot fait de même ; MM. Péricaud et Breghot donnent la date de sa naissance et de sa mort, et disent qu'il fut de l'Académie de Lyon ; M. Monfalcon en parle moins encore et, dans toute sa carrière de bibliothécaire, ne remarque point, ou du moins ne signale pas les curiosités du globe qu'il a sous les yeux M. Collombet, qui a tant écrit sur Lyon, qui fréquentait la bibliothèque plus souvent qu'aucun autre écrivain, qui a fait tant de notices sur tous et sur tout, passe indifférent devant l'immense mappemonde et, enfin, la *Revue du Lyonnais*, qui entre dans sa quarante-quatrième année et qui est vouée au culte et à la mémoire de tout ce qui est lyonnais, ne parle des pères Grégoire et Bonaventure, de leurs écrits et de leurs œuvres que dans sa livraison de janvier 1878; l'*Almanach de la Petite Presse*, paru en décembre 1877, et la *Petite Presse*, de Lyon, ayant eu la primeur des observations, qu'à notre grand étonnement, nous avons été le premier à faire à ce sujet.

Ce fut la *Petite Presse*, de Lyon (prenons nos dates), qui, avant tout autre, donna l'éveil. Depuis que nous occupions une place à la Bibliothèque de la ville, nous avions vu avec stupéfaction que le globe des pères capucins de la Guillotière indiquait, depuis deux siècles, toutes les prétendues découvertes faites par les voyageurs modernes. En 1876, nous avions fait part de notre étonnement à M. Grandval, alors secrétaire général du Rhône, qui était resté frappé en promenant son doigt sur les grands lacs africains et sur les fleuves qui en découlent. A chaque visiteur qui se présentait, nous faisions admirer les sources du Nil *découvertes* par Speke, le cours du Congo exploré par Stanley, les riches contrées parcourues *pour la première fois* par Livingstone, dont le nom doit, dit-on, remplacer l'appellation courte et sonore du fleuve qui les arrose; on était surpris, on s'extasiait, mais on en restait là, lorsque la *Petite Presse* nous ayant demandé notre collaboration, nous signalâmes, dans son numéro du 18 août 1877, l'œuvre savante du Père Henri Marchand; mais en vain. On n'avait pas fait attention à notre voix et on ne vint pas contempler l'œuvre prodigieuse.

Nous revînmes à la charge, dans l'*Almanach de la Petite Presse* ; cette fois, l'effet fut satisfaisant. On parlait de la venue de Stanley en Italie, de son passage par la France, de son retour en Angleterre, de son séjour probable à Lyon ; les esprits s'éveillèrent, et la *Petite Presse*, dans ses numéros du 28 décembre et du 7 janvier, nous prêta l'appui de sa grande publicité. On sut que, sous la direction d'un jeune orientaliste, M. François Deloncle, un ingénieur de mérite, M. Jaume dressait, d'après notre globe, une carte pour la Société de géographie de Paris ; on accourut contempler la merveille ; mais le nom de son auteur était si peu populaire, si peu connu, qu'un écrivain de mérite, M. Eugène Jouve, en signalant, dans le *Salut public* de janvier, le trésor de la bibliothèque de Lyon, le déclara être le travail d'un artiste *anonyme*. On ne le dira plus aujourd'hui.

Nous avons essayé de reconstruire la vie de notre illustre compatriote du couvent de la Guillotière, et nous avons rencontré peu de matériaux ; mais, grâce aux documents fournis par M. Clément, ancien notaire, et à Pernetti, nous avons appris le peu que nous offrons aujourd'hui à nos lecteurs. Nul doute que de plus habiles ne fassent mieux et ne complètent cette biographie de manière à la rendre digne de celui qui en est l'objet.

Henri Marchand naquit à Lyon le 20 avril 1674.

Son père, peu fortuné, ne put lui donner une éducation en rapport avec son désir d'apprendre ; mais l'enfant était ardent, tenace, intelligent ; il comprit que, pour sortir de l'ignorance, il ne devait compter que sur lui-même ; il se mit en mesure d'étudier et d'apprendre seul, et cette nécessité, que ne connaissent pas assez les enfants nés dans l'opulence, lui donna l'énergie, l'esprit de suite et l'ambition qui font sortir tant de pauvres petits êtres de l'obscurité natale pour les faire asseoir au premier rang.

La paroisse de la Guillotière, humble faubourg peuplé de voituriers et de jardiniers, était administrée par un homme plus grand que sa fortune. L'abbé Philippe Villemot, à une haute piété, joignait un savoir profond, un goût ardent pour les mathématiques et particulièrement pour l'astronomie, était philosophe, orateur, ami de la littérature et avait des relations suivies avec trois Lyonnais qui se sont fait un nom dans les sciences exactes : les illustres mathématiciens Barrême et Naulot, ainsi qu'avec le célèbre mécanicien Jean Truchet, si connu dans l'ordre des Carmes et à la cour de Louis XIV sous le nom de père Sébastien. Marchand alla lui demander des conseils. A la vue de sa merveilleuse facilité, M. Villemot le prit sous sa protection, l'instruisit, le poussa dans cette voie des mathématiques, si séduisante à ses yeux, et, pour lui assurer le pain de chaque jour, le fit entrer dans la maison des Franciscains de la Guillotière, où on le prit malgré sa jeunesse et où il fit bientôt l'admiration de tous par sa piété et par son amour du travail.

Ce fut une grande jouissance pour le jeune religieux d'être séparé des bruits du monde et de vivre ainsi dans la paix, le calme, la prière et l'étude. Il se trouva si bien, qu'il attira son cousin germain, le jeune Vien, né à Lyon comme lui et qui, sous le nom de Père Bonaventure, partagea bientôt ses goûts, ses études et ses travaux.

Pleins d'émulation, heureux de se comprendre, avides de savoir, les deux jeunes Pères empruntaient à la nuit et disputaient à leur sommeil le temps que leur accordaient, avec trop de parcimonie, à leur gré, les devoirs de la vie religieuse. Si leur conduite était exemplaire, leur vie pure, leur intelligence occupée, une faute pouvait leur être imputée, faute légère, il est vrai, c'était de dérober en cachette, dans la bibliothèque du couvent, les livres de science, qu'ils dévoraient tous deux, au lieu de prendre le repos que la règle du cloître leur ordonnait.

Cette avidité sans bornes et sans contrôle du jeune Henri Marchand, devenu le Père Grégoire, lui fut cependant un jour funeste et lui valut une leçon cruelle qui se grava profondément dans son esprit et ne s'en effaça plus jamais.

A cette époque, ainsi que de nos jours, le clergé était sollicité par deux pentes bien différentes et bien diverses, que chaque parti suivait avec ardeur, convaincu, chacun, que sa voie était la seule bonne, la seule vraie, et que le parti contraire s'égarait. La charité n'y gagnait rien.

Les esprits austères ne voyaient dans la religion que la foi. Les pratiques religieuses leur suffisaient. Prier, contempler était leur vie. Se séparer des mouvements qui agitaient le monde, se désintéresser des querelles qui divisaient la chrétienté, leur paraissait être la vertu. Indifférents à tout ce qui n'était pas le dogme, la discipline, la morale, ils se contentaient d'être bons et laissaient à la Providence le soin de rendre le monde meilleur.

Les esprits élevés, intelligents, pleins de zèle et d'amour, croyaient que le prêtre devait savoir plus que le laïque, pour l'éclairer et le guider; que le serviteur de l'autel ne doit pas laisser l'Eglise sans défense, mais doit à toute heure creuser la science pour la purifier, redresser les mœurs par l'exemple, enfin s'armer de la plume et de la parole pour combattre l'ennemi et se jeter dans la mêlée, au milieu des sophismes, des dilemmes ou des persiflages, sans ménager sa personne et son repos.

Combien d'hommes de cette large trempe le clergé français n'a-t-il pas produit!

Le prieur du couvent de la Guillotière n'était pas de ces derniers. La science n'était pas son fait. Imbu de la fausse pensée que la loi de l'Eglise, fortifiée par la règle de son ordre et de sa maison, suffit à un religieux, il surprit le père Grégoire étudiant les tangentes et les sinus, et laissa éclater son indignation de ce qu'un Père dont le salut lui était confié se livrait à des lectures indécentes et immorales. Le Chapitre fut immédiatement convoqué, le Père Grégoire accusé et, de l'interrogatoire qu'il eut à subir devant quelques hommes éclairés et sérieux, il résulta, au grand étonnement du prieur, que les mathématiques n'avaient rien d'immoral, que les études du jeune Père étaient parfaitement orthodoxes et que même, pour le bien de l'ordre et de la religion, il devait les continuer.

Cette humiliation bizarre eut pour effet d'émanciper le jeune mathématicien, qui put, dès lors, se livrer avec une liberté plus grande à ces découvertes et à ces travaux qui devaient illustrer à jamais son nom. Non content d'étudier les lettres latines, qu'il possédait dans toute leur délicatesse, l'italien, la musique et la poésie, qui lui servaient de délassement, il approfondit la théologie et la philosophie, dans lesquelles il devint un maître ; les mathématiques et en particulier l'astronomie et la mécanique, dans lesquelles, même au siècle de Truchet, de Pascal et de Malebranche, il eut peu de rivaux.

Etait-ce comme travail ou délassement, étude ou distraction, qu'il entreprit deux vastes globes, terrestre et céleste, de deux mètres de diamètre, qui, pendant un siècle, ornèrent le couvent de la Guillotière et firent l'admiration des savants d'alors, en attendant qu'ils fussent oubliés et délaissés dans la grande salle de la Bibliothèque de

Lyon, où ils sont, depuis 1792? Nous l'ignorons complètement. Seulement, nous voyons aujourd'hui ces deux merveilles qui décèlent tant d'intelligence et de savoir dans la tête qui les rêva, tant d'habileté dans la main qui les exécuta.

Le Père Grégoire construisit une charpente d'une rondeur parfaite, il la couvrit d'une couche épaisse de plâtre soutenue par de la toile, enveloppa le tout d'un papier teinté et collé et peignit dessus les constellations qui brillent au-dessus de nos têtes. Nous ne sommes pas compétent pour juger cette œuvre, que le temps, les révolutions, les guerres civiles n'ont pas épargnée. D'après l'homme et malgré les progrès de la science, nous sommes convaincu que ce magnifique globe céleste ne doit offrir que bien peu d'omissions ou d'erreurs.

Il fit un second globe, plus beau, plus vaste et plus étonnant que le premier. Il y peignit nos mers et nos continents, et pendant que nos géographes les plus habiles osaient à peine indiquer les côtes de l'Asie, pendant qu'ils nous représentaient l'Afrique comme une terre aride et inhabitée, lui, d'une main sûre, il traçait les mers intérieures de l'Asie, les chaînes des montagnes, les bornes des royaumes, les îles perdues dans les océans, et, au milieu de cette Afrique inconnue, ces grands lacs retrouvés par les voyageurs modernes, ces fleuves immenses dont Grant, Baker, Speke, Livingstone, Stanley, croyaient les premiers avoir suivi les bords; ces pics couverts de neige sous l'équateur, ces riches et splendides contrées habitées par des populations immenses et ces déserts que le nègre ou l'Arabe ne traverse qu'avec hésitation et méfiance.

Il les traça, les fabriqua et les peignit lui-même, dit l'abbé Pernetti dans ses *Lyonnais dignes de mémoire*, ne se faisant aider dans son travail que par le père Bonaventure Vien, son cousin germain, l'ami de son cœur et le compagnon de tous ses travaux.

Ce fut par un acte de profonde humilité chrétienne qu'il ajouta le nom du père Bonaventure au sien.

Pour lever ainsi, deux cents ans avant les voyageurs modernes, les voiles qui couvraient l'Asie et l'Afrique centrale, de quelles cartes mystérieuses, de quels livres inconnus du public s'était donc servi le Père Marchand ? Où avait-il pris tant de savoir ? Comment avait-il pénétré tant de mystères ? Depuis quelques semaines, la question s'étudie, la vérité se fait jour. En attendant les documents qui se préparent, donnons un aperçu des faits. (1)

(1) En 1486, au mois d'août, Barthélemy Diaz partit de Lisbonne avec trois bâtiments, dépassa l'extrémité méridionale de l'Afrique, revint à l'est du cap, fut assailli par une tempête affreuse et appela cette langue de terre le *Cap des Tempêtes*. Mais le roi Don Juan II répudia ce nom sinistre et baptisa cette terre, désormais célèbre, du nom plus gracieux de *Cap de Bonne-Espérance*.

Le 8 juillet 1497, pendant que Christophe Colomb dotait l'Espagne d'un nouveau continent, Vasco de Gama, muni des cartes levées par ses

Au XVIe siècle, les Pères Jésuites évangélisaient les Indes; au XVIIe, l'Asie et l'Afrique n'avaient plus de secrets pour eux.

Mais les Dominicains les avaient déjà précédés. Avant les Jésuites, les fils de saint Dominique avaient pénétré en Abyssinie, dans le Soudan, le Congo et tous ces pays que l'on croit avoir été découverts à l'époque où nous vivons. Singulière vanité

prédécesseurs, partit de Lisbonne avec trois navires et 160 hommes et doublait le cap de Bonne-Espérance.

Au XVIe siècle, les cartes de Mercator, de l'Edrisi et de Léon l'Africain, font connaître une partie de l'Afrique. Les missionnaires portugais donnent beaucoup de renseignements sur ces contrées.

Au XVIIe siècle, la lumière s'étend. Les missions portugaises explorent l'Abyssinie et confirment les relations antérieures de François Alvarez.

Le Père Paez décrit, en 1618, le fleuve Bleu. Le Père Lobo ajoute à ses documents, en 1628. Ludo donne, de 1681 à 1691, son *Histoire de l'Ethiopie*, et les missions portugaises et italiennes complètent les récits des voyageurs. Trois missionnaires italiens, surtout, Carli de Placenza, en 1667, Antonio de Cavazzi, en 1654-1668, et Antonio Zuchelli, en 1704, donnent des relations du plus vif intérêt.

« Bruce ne publia sa relation qu'en 1788, longtemps après son retour, dit M. Vivien de Saint-Martin, dans sa savante *Histoire de la Géographie*. Paris, Hachette, 1873, in-8o. Cette publication coïncide avec un événement qui eut une grande influence sur la suite des explorations africaines, et elle n'y fut probablement pas sans quelque rapport. Je veux parler de la formation, à Londres,

des hommes qui pensent que le monde date d'aujourd'hui et que rien n'a été fait hier!

Dès le XIVe siècle, à la suite des colons portugais, les Dominicains avaient pénétré vers les grands lacs de l'Afrique centrale et y avaient évangélisé en laissant sur leur route de nombreux martyrs.

Ils ne s'en enorgueillissaient pas, car eux-mêmes avaient été précédés dans la voie.

de l'*African Association*. Un certain nombre de personnes riches et bien posées se réunirent en une sorte de patronage, dans le but d'encourager et de favoriser les voyages d'exploration dans l'intérieur de l'Afrique. Ce continent *n'était encore, en effet, qu'un blanc immense dans sa presque totalité* ; les progrès intérieurs, depuis le XVIe siècle, y avaient été nuls ou peut s'en faut.

« Les premiers voyageurs recrutés par l'Association, John Ledyard, Lucas et le major Hougton ne vécurent pas assez pour donner de grandes informations ; mais deux hommes se rencontrèrent qui compensèrent amplement ces premiers insuccès, Mongo Park et Hornemann.

« Les informations transmises par Hornemann sur le Fezzan, en 1799, sont encore une des principales sources d'étude sur cette grande oasis qui borde au sud la Tripolitaine, et l'on sait que l'Ecossais Mungo Park, dans ses deux voyages successifs de 1795 et de 1805, ouvrait la route du Soudan par l'ouest et fit LE PREMIER connaître le grand fleuve intérieur qui traverse, de l'ouest à l'est et au sud-est toute la Nigritie occidentale. Dans le même temps, un autre voyageur anglais, Georges Browne, pénétrait par la Nubie dans le Darfour, *qu'aucun autre Européen n'avait vu AVANT LUI.* »

Avant les Jésuites et les Dominicains, les fils de saint François, couverts d'un habit retenu par une corde, la tête rasée, n'ayant qu'un petit capuchon pour les préserver de la pluie et du soleil, étaient partis sans souliers ni bâton, sans argent ni provisions, sans habits de rechange, et avaient porté l'Evangile à tous les points de l'univers. Les premiers de tous, ils avaient exploré l'Asie, établi des missions et planté les jalons de la civilisation ; les premiers de tous, ils avaient sillonné l'Afrique du midi au nord, du couchant au levant et, dès le XIVe siècle, mélangé la poussière de leurs os à ces germes du christianisme qu'ils déposaient là même où le Nil, le Zambèze et le Congo prennent naissance. (1)

Franciscains, Dominicains, Jésuites, avaient tous, pour les besoins de leurs frères et successeurs, tracé des cartes et écrit leurs souvenirs, la plupart, fait curieux, imprimés à Lyon. Plus heureuse que Livingstone, quand une mission partait, elle savait d'avance quelles montagnes, quels fleuves, quels déserts elle aurait à traverser, et souvent le chemin qu'elle suivait

(1) Selon de Barros, le plus grand lac de l'Afrique est situé dans l'intérieur du pays, à l'ouest de Sofala. Cet auteur en fait venir, avec Ptolémée et les *géographes arabes*, le Nil, le Zaïre et tous les fleuves de Sofala. Un de ces fleuves est le Cuama, que, dans l'intérieur du pays on appelle Zambère et aujourd'hui Zambèze. Les Portugais le remontaient jusqu'à 220 milles géographiques de la côte.
(De Barros, *lib.* IX, c. VII, fol. 118.)

était tracé à l'aide du sang versé par ceux de ses frères qui l'avaient précédée. (1)

Ce sont ces documents précieux, inconnus du public et conservés avec soin par

(1) Comment M. Vivien de Saint-Martin, dans son savant et précieux ouvrage *Histoire de la Géographie*, a-t-il pu dire que : « L'Ecossais Mungo Park, dans ses deux voyages successifs de 1795 et de 1805, ouvrit la route du Soudan par l'ouest et fit *le premier* connaître le grand fleuve intérieur qui traverse de l'ouest à l'est et au sud-est toute la Nigritie occidentale », et que, dans le même temps, un autre voyageur anglais, Georges Browne, pénétrait, par la Nubie, dans le Darfour, QU'AUCUN AUTRE EUROPÉEN N'AVAIT VU AVANT LUI. » Comment Baker a-t-il pu s'écrier, devant l'Albert-N'yanza, qu'il avait *découvert* les sources du Nil. On sait cependant que les missionnaires avaient déjà, depuis des siècles, sillonné toutes ces contrées.

Les documents, d'ailleurs, ne manquaient pas. Au VIe siècle de notre ère, existait déjà un dictionnaire géographique grec, et Etienne de Byzance en donna un abrégé. Ortelius en publia un autre à Anvers, en 1578, sous le titre de *Synonymia geographica*, mais pendant que l'Europe marchait dans sa voie, à la suite des classiques et des anciens, les Arabes, aussi intolérants et aussi enivrés de partialité que les Chrétiens, parcouraient, en méprisant l'Europe et les Européens, tous ces pays inconnus de l'Afrique et de l'Asie que nous venons de découvrir ; en dressaient des cartes et en possédaient des dictionnaires précieux. Dès le treizième siècle ils en avaient cinq ; « les deux premiers, dit M. Reynaud, dans ses *Notices sur les Dictionnaires géographiques arabes*, qui datent des XIe et XIIe siècles de notre ère, ont un objet spécial et traitent presque unique-

les chefs des différents ordres, que le Père Grégoire avait sous les yeux et qui lui avaient servi pour créer son globe, aujourd'hui étonnement des visiteurs. Mais qui

ment de l'Arabie, la terre sacrée et classique des Musulmans; mais les trois autres embrassent toutes les contrées connues des nations musulmanes, principalement celles qui étaient soumises aux lois du Coran. »

Masoudi, au Xe siècle de notre ère, dit Karl Ritter dans son *Etude sur la Terre*, rapportait déjà que les peuples des hauts plateaux de l'Afrique savaient faire de leur fer un acier des plus durs dont ils fabriquaient des armes excellentes qu'ils vendaient aux marchands des Indes. Ce commerce n'ouvrait-il pas l'intérieur des terres et la contrée des lacs aux allants et aux venants qui remontaient le Nil, le Congo et le Zambèze pour se procurer ces épées et ces poignards renommés ?

Aussi hardi et plus héroïque, on peut le dire, que les modernes voyageurs dont le nom a été glorifié si haut pour avoir visité l'intérieur de l'Afrique avec des ressources immenses et de puissants appuis, René Caillé, un Français sans argent et sans protection, avait traversé toute cette contrée, de 1827 à 1828, en se donnant comme un jeune Egyptien d'Alexandrie enlevé, dans son enfance, par l'armée française, et voulant regagner l'Egypte pour retrouver son pays et reprendre le culte de ses pères.

Mais les missionnaires, les Arabes, les Portugais, les Italiens, les Français, tout cela fut oublié quand Speke et Burton eurent annoncé la *découverte* qu'ils venaient de faire du lac le Tanganika, vu par eux, *pour la première fois*, le 13 février 1858. Six mois après, Speke avait encore découvert un autre lac, le Nyanza, dont le nom signifie *la grande eau*, et il lui donna le nom de Victoria.

pensait alors à l'Afrique centrale? Quel intérêt pouvait avoir la connaissance du coude que fait le Congo avant de prendre sa route directe vers le couchant? Le globe fut terminé, visité, admiré et mis dans un coin du couvent comme un objet de pure curiosité. (1)

(1) Cent ans avant l'arrivée des Portugais, en 1364, des Dieppois avaient créé un comptoir sur la côte occidentale de l'Afrique.

En 1484, Diego Cam était arrivé, avec sa caravelle, à l'embouchure du Zaïre, sous le 6e degré de latitude méridionale, et avait remonté le fleuve, établissant, de loin en loin, des colonnes aux armes du Portugal, pour faire acte de possession au nom du roi. Diego Cam avait à son bord un savant géographe allemand, Martin Behaim, élève du célèbre mathématicien Regiomontanus. A son retour à Nuremberg, sa patrie, en 1492, Martin Behaim construisit un globe terrestre rappelant tous les pays alors connus. Sur ce globe, il écrivit cette curieuse légende :

« Il faut savoir que cette figure du globe représente toute la grandeur de la terre tant en longitude qu'en latitude, mesurée géométriquement d'après ce que Ptolémée dit dans son livre intitulé *Cosmographia* ; savoir, une partie, et ensuite le reste d'après le chevalier Marc Paul (Marco Polo) qui, de Venise, a voyagé dans l'Orient l'an 1250, ainsi que d'après ce que le respectable docteur et chevalier Jean de Mandeville a dit, en 1322, dans un livre sur les pays inconnus à Ptolémée en Orient, avec toutes les îles qui y appartiennent et d'où nous viennent les épiceries et les pierres précieuses. Mais l'illustre dom Juan, roi de Portugal, a fait visiter par ses vaisseaux, en 1485, tout le reste de la partie du globe, vers le midi, que Ptolémée n'a pas connue, découverte

Les Pères Grégoire et Bonaventure le signèrent, dans un cartouche, et déclarèrent qu'ils avaient terminé leur œuvre avec l'approbation du Père Placide, de Saint-Amour. Etait-ce le même prieur si ennemi des tangentes et des sinus?

Les Pères Grégoire et Bonaventure disent modestement qu'ils se sont servis des documents fournis par le Père Riccioli et l'Académie royale. Ils devaient avoir connu d'autres sources dont ils ont jugé inutile de parler.

à laquelle, moi, qui ai fait ce globe, me suis trouvé... »

En 1700, Guillaume Delisle publia ses cartes sur les quatre parties du monde et rectifia les erreurs de la géographie. En 1761, d'Anville jeta un nouveau jour sur cette science et, grâce à de nouvelles observations, fit connaître le monde tel qu'il est.

« Si aujourd'hui même, il y a si peu de bons itinéraires, dit M. Vivien de Saint-Martin (p. 200), que devaient être ceux des voyageurs et des navigateurs anciens qui n'avaient ni la boussole pour déterminer leur direction ni les chronomètres pour marquer les intervalles, ni les moyens usuels et pratiques de reconnaître les hauteurs méridiennes, ni ceux d'estimer en mer l'influence des courants, ni surtout ce sentiment de l'observation scientifique que l'éducation générale développe toujours à un certain degré chez ceux-là surtout qui se savent appelés, à un titre quelconque, à visiter les pays étrangers. Recueillis en dehors de tous ces moyens et de ces garanties, l'immense majorité des anciens itinéraires ne pouvaient fournir que de simples estimes, et, le plus habituellement de grossières appréciations. »

Avouons en passant que c'est par erreur que, dans la *Petite Presse*, nous avons cité l'Académie de Lyon comme ayant fourni les documents dont nos compatriotes s'étaient servis. L'Académie de Lyon était bien académie royale, mais elle ne prit ce titre que plus tard, et d'ailleurs, à la fin du XVIIe siècle, elle n'existait pas encore. Au lieu d'Académie de Lyon, lisez donc Académie royale de Paris.

Au moment où le globe de la bibliothèque fut terminé, la science et les lettres fleurissaient à Lyon.

Le Père Ménestrier venait de publier son *Histoire civile ou consulaire de la ville de Lyon*, chez Nicolas Deville, in-fol. Le Consulat, reconnaissant et fier d'un pareil travail, lui avait offert une gratification de 1,300 livres, somme considérable, don magnifique et généreux, qui témoignait d'une grande hauteur d'esprit chez nos gouvernants; M. d'Herbigny, intendant de la Généralité, écrivait son savant mémoire sur la population de notre province; Marc Perrachon léguait au collége de la Trinité ses livres et une rente annuelle de 300 francs pour en augmenter le nombre; une réunion de savants et de littérateurs achevait de discuter des règlements et posait les bases d'une Société savante, qui, sous le nom d'Académie royale des sciences, belles-lettres et arts de Lyon, devait jeter tant d'éclat. Bellecour voyait arriver la statue équestre de Louis XIV, sculptée en bronze, à Paris, par Martin Desjardins. Lyon s'embellissait, Lyon pensait, Lyon vivait. Cette révélation de l'univers connu trouva les Lyonnais préparés à comprendre ce que le Franciscain de la Guillotière faisait passer sous leurs yeux.

Aussi, parmi les premiers membres de l'Académie de Lyon, ne faut-il pas s'étonner de voir inscrit le Père Grégoire ; mais cette distinction, que tout le monde approuvait, consterna l'humble religieux.

Il ne refusa pas, cependant. Il accepta cette offre dont l'honneur devait rejaillir sur son ordre, mais il n'assista jamais aux séances de la savante compagnie, et c'est de son pauvre couvent qu'il envoya tous les mémoires destinés à porter si haut son nom.

L'Académie de Lyon possède un recueil de lettres autographes, de 1736 à 1748, parmi lesquelles s'en trouve une du Père Grégoire sur les équations de l'horloge, la comparaison du temps moyen au temps vrai et la jauge.

Dans un autre recueil, une lettre datée de Marseille, du 30 octobre 1745, adressée à M. Christin et combattant quelques opinions de ce dernier sur les thermomètres.

Dans des mémoires divers, un *Mémoire sur la mesure d'un segment de cercle et une section de cylindre parallèle à son arc.*

Un *Mémoire sur les causes des inégalités, en partie apparentes et en partie réelles, du mouvement du soleil, comparées à celui d'une horloge supposée égale dans ses mouvements.*

Ce savant travail soutient que ces inégalités viennent d'abord de l'inclinaison du plan de l'écliptique sur celui de l'équateur, et, en second lieu, de la différence des éloignements du soleil à la terre.

Une *Démonstration de la cause de la fameuse règle de Képler.*

« La règle de Képler, dit M. Delandine, est que les carrés des temps de la révolution des planètes sont entre eux comme les cubes de leurs distances du centre commun autour duquel elles tournent. Le Père Grégoire en trouve la cause dans les lois du mouvement et la démontre. »

Lettre et observation du P. Grégoire Marchand sur la table de l'accélération des fixes, par M. de la Hire. Censure de ces observations.

M. de la Hire, par ses tables des mouvements des planètes, a rendu un grand service à l'astronomie. Cependant, ajoute Delandine, le Père Grégoire croit avoir découvert quelques erreurs dans la table 55, page 80, et notre savant compatriote les relève et les corrige dans une autre table, qu'il substitue à celle de la Hire.

En 1810, M. Cochard offrit à l'Académie deux mémoires du Père Grégoire, l'un sur la *Grâce*, l'autre sur la *Physique*. Tous deux sont en latin.

L'Académie possède, en outre, son discours de réception, et, dans un volume des comptes-rendus de ses travaux, une appréciation des lectures envoyées par le savant religieux ; car, ainsi que nous l'avons dit, le Père Grégoire ne parut jamais dans la docte assemblée.

Malgré son humilité, il était recherché des grands et des érudits et il n'eût tenu qu'à lui de suivre une plus brillante carrière. Le grand-prieur de France l'honorait de sa confiance, dit Pernetti, et lui demandait souvent des conseils. Le roi lui-même l'employa en diverses circonstances et la famille de Villeroy, qui gouvernait Lyon par la crosse et par l'épée, dont les membres étaient alternativement ou à la fois gouverneurs ou archevêques de la province, cette grande famille des Neuville de Villeroy dont le sort fut pendant deux cents ans attaché à la fortune de notre cité, l'aimait, le vénérait, le consultait, heureuse de sa prudence et de son savoir, et l'employait autant que la règle de l'ordre permettait de le détourner de ses études et de ses devoirs.

Il était surtout un point sur lequel le vieux duc de Villeroy revenait sans cesse, mais que le sage religieux éloignait continuellement de ses entretiens et dont il refusait l'application. Henri Marchand, comme le célèbre médecin Fernel, comme Faust d'effrayante mémoire, avait voulu tout voir, tout connaître, tout approfondir. De la mécanique à l'astronomie, de l'histoire naturelle à la médecine et à la connaissance complète du corps humain, il était parvenu à ces limites que son orthodoxie sincère ne lui avait pas permis de franchir. Au seuil de l'astrologie, de l'illuminisme et du supranaturalisme, il s'était arrêté sur la pente fatale, s'était retenu à temps et avait rebroussé chemin, effrayé d'avoir vu l'abîme. Mais son regard n'en avait pas moins aperçu des choses étranges et son esprit conçu des pensées qui l'épouvantaient. On prétendait qu'il avait des secrets que le vieux duc de Villeroy, qui ne voulait pas mourir, brûlait de connaître. Des femmes stériles, comme Catherine de Médicis, l'obsédaient en lui demandant les remèdes qui avaient si bien réussi à Fernel ; mais l'inflexible religieux repoussait toutes les prières, toutes, excepté une fois que, vaincu par une puissante importunité, il donna une consultation en latin, une seule qui prouva que son savoir n'était pas une chimère et que la pathologie garde encore des mystères aux veilles des savants. Mais cette condescendance avait tellement affecté sa conscience délicate qu'il n'y revint jamais.

La vie austère, calme et pure de notre grand mathématicien s'écoula ainsi, presque tout entière, dans son couvent de la Guillotière, dont il était l'honneur et l'édification. Son ami, son compagnon d'études, son cousin, le Père Bonaventure Vien, obéissant aux ordres de ses supérieurs, avait été arraché à ses travaux favoris et envoyé au loin exercer les fonctions de son ministère. Seul, désormais, le Père Grégoire ne s'était pas laissé abattre, et il continua, au milieu des contrariétés, qui ne lui furent pas épargnées, sa vie de vertus et d'études ; mais il ne devait pas la terminer dans cette ville, son berceau, qu'il n'avait jamais quittée. Quand la vieillesse fut venue, et avec elle les infirmités, ses supérieurs jugèrent que le climat humide et en ce temps-là fiévreux de la Guillotière devait être échangé contre un soleil plus généreux, et il fut envoyé à Marseille, qui le réchauffa sans le guérir.

Le 1er janvier 1750, il s'éteignit doucement, au milieu des regrets profonds des Franciscains de la Provence, qui le pleurèrent comme un grand savant et comme un saint.

Voici les principales œuvres de l'humble et savant religieux :

1° *Traité sur la Jauge des tonneaux.*

2° Diverses tables et opuscules relatifs au même objet.

3° *Comparaison de l'Année solaire de M. Cassini avec celle de M. La Hire.*

4° *Principes du nouveau Calendrier.*

5° *Problèmes de Cosmographie.*

6° *Fondements de l'hypothèse de Copernic sur les mouvements de la Terre.*

7° *Dissertation sur l'impossibilité des systèmes de Ptolémée et de Tycho-Brahé.*

8° *Pratique pour la Projection des bombes, d'après les principes de M. Cassini.*

9° *Démonstration algébrique de la Sphère avec le cylindre et le cône circonscrit.*

10° *Démonstration des Equations pour les Thermomètres.*

11° *Examen du mouvement des Planètes, d'après les tables astronomiques de M. de la Hire.*

Mais le plus prodigieux de ses ouvrages, c'est, à côté du globe céleste que la bibliothèque de Lyon possède et que nous ne pouvons apprécier, le merveilleux globe terrestre si complet, qui nous montre, qu'il y a deux siècles, les Franciscains connaissaient le monde physique presque aussi parfaitement que les géographes d'aujourd'hui.

Si nous avons *découvert* ce globe, suivant l'expression pittoresque de M. François Deloncle, notre érudit collaborateur, nous devons déclarer bien vite et bien haut que c'est lui qui le premier en a reconnu l'importance et proclamé la valeur.

Aussi s'est-il hâté, avant tous, de faire copier par notre ingénieur M. Jaume la partie africaine visitée par Stanley, et d'envoyer cette belle carte aux Sociétés de Géographie de Londres et de Paris, avec des documents précieux dont la *Revue du Lyonnais*, dans son numéro de février, a soumis une partie à ses lecteurs.

Espérons que nos efforts seront couronnés de succès, que les biographes pourront compléter notre esquisse de la vie du Père Grégoire et que Lyon saura honorer le fils illustre qu'elle a trop longtemps oublié.

Espérons encore que les érudits de tous les pays mettront désormais Henri Marchand à côté des Speke, des Livingstone et des autres voyageurs qui ont vu mais n'ont pas découvert les premiers l'Asie et l'Afrique centrales, ainsi que le globe à jamais célèbre de la bibliothèque de Lyon en fait foi.

Depuis que cette esquisse est commencée, le *Salut public* des 6 et 8 février a, dans son impartialité, publié sur notre globe deux articles bien différents : le premier, signé de M. Eugène Jouve, nous met, par ses compliments, dans un embarras que nous ne cherchons point à déguiser. Il admire l'œuvre de nos Franciscains ; mais, malgré notre reconnaissance, l'auteur nous permettra de lui signaler deux erreurs qui lui ont échappé.

Ce n'est point à l'Académie de Lyon, mais à celle de Paris que le Père Grégoire avait emprunté ses documents. Nous venons de le dire, à cette époque l'Académie de Lyon n'existait pas ; mais c'est nous qui sommes le premier coupable, et c'est notre inadvertance qui a entraîné M. Jouve après nous.

Puis, indépendants les uns des autres, ce n'était point pour les Pères Jésuites que les Pères Franciscains travaillaient ; ce n'était point pour le collége de la Trinité que le beau globe était créé. Cette œuvre était bien destinée à la maison des Franciscains de la Guillotière. Elle fut confisquée par la Nation en 1792, et amenée dans le collége, qui n'appartenait plus alors ni aux Jésuites ni aux Oratoriens, qui leur avaient succédé, mais à l'Etat.

En 1802, l'administration de l'Isère le réclama comme bien national ; mais Lyon en resta décidément possesseur.

L'autre article est au moins singulier.

Persuadé qu'on faisait un bruit inutile et qu'après avoir donné son avis, la question serait enterrée, le plus savant de nos archéologues, M. Steyert, a déclaré, le 8, que tout le monde connaissait le globe de notre Bibliothèque et que si Speke et Livingstone ne l'avaient pas emporté avec eux, c'est qu'il n'était pas assez portatif; que, d'ailleurs, il ne disait rien qui ne fût dans le domaine public et que les cartes du XVIe siècle donnaient déjà les indications qu'il pouvait offrir, et bien mieux encore.

Rome a parlé ; inclinez-vous !

Que notre honorable collaborateur nous pardonne ; mais nous protestons. Nous pensons qu'il a parlé de mémoire et que sa mémoire l'a trahi. Cela n'est pas étonnant ; depuis un quart de siècle qu'il n'a mis le pied dans nos dépôts publics, il a pu confondre, oublier et faire erreur. Si Livingstone, étudiant sa leçon avant de partir, avait possédé des données aussi précises que le correspondant du *Salut public* le prétend, il n'aurait pas été si surpris dans ses voyages. Il n'aurait pas acclamé ses *découvertes*, non plus que Speke et Baker, et ce dernier n'aurait pas écrit son livre : *DECOUVERTE de l'Albert-Nyanza* ; un de nos compatriotes qui revient de Chine, et c'est plus loin, n'a point crié qu'il avait *découvert* le Japon. Il avait des cartes, lui, et en prenant le steamer, il savait le nom de la cité qu'il allait visiter ou de la mer qu'il allait franchir.

Mais voici qui est plus fort : si on le savait autrefois on l'a oublié depuis, dit le correspondant du *Salut Public*. Ceux qui remontaient le Nil Bleu croyaient remonter le Nil Blanc; ils ont pris les monts de l'Abyssinie pour les monts de la Lune, le lac Dembea pour le lac Albert, et voilà !

C'est écrit dans le *Salut public* du 8.

Ayant découvert près de la mer Rouge ce qu'on avait cru près de l'Océan indien, on n'a rien trouvé de mieux à faire que d'effacer tout ce qui était au couchant de Zanzibar et de le remplacer radicalement par le désert.

L'opération a été si bien faite que nous avons sous les yeux un atlas, dans cet atlas une carte et sur cette carte, au centre de l'Afrique, un espace grand comme la main où rien n'existe, ni lacs, ni montagnes, ni rivières.

Et l'atlas qui nous donne cette belle indication n'est pas le premier venu, c'est un livre officiel : l'*Atlas de géographie militaire, adopté par M. le Ministre de la Guerre* POUR L'ECOLE IMPÉRIALE MILITAIRE DE SAINT-CYR, par Théophile Lavallée, professeur de géographie et de statistique militaire à l'Ecole impériale de Saint-Cyr. Paris, Furne, 1864, in-fol.

Ainsi, à Saint-Cyr, on avait tout oublié ! Le professeur de statistique, **en 1864**, avait perdu toute tradition, tout souvenir. C'est cet oubli que nous blâmons ; c'est de cet enseignement que nous gémissons ; c'est contre cette lacune de 1,200 kilomètres accusée par Stanley que nous protestons, et c'est pourquoi nous portons si haut les Pères Bonaventure et Grégoire qui, eux, n'avaient rien oublié.

Lyon.— Imp. du Salut Public.— Bellon, r. de Lyon, 33.

www.ingramcontent.com/pod-product-compliance
Ingram Content Group UK Ltd.
Pitfield, Milton Keynes, MK11 3LW, UK
UKHW012120240726
13965UKWH00005B/1878

9 782013 045988

INSTRUCTION MINISTÉRIELLE

DU 15 MAI 1886

RELATIVE A L'APPLICATION

AUX TROUPES DU GÉNIE

DU DÉCRET DU 28 DÉCEMBRE 1883

PORTANT RÈGLEMENT

SUR LE SERVICE INTÉRIEUR DES TROUPES

PARIS
11, Place St-André-des-Arts

LIMOGES
Nouvelle route d'Aixe, 46.

IMPRIMERIE ET PAPETERIE MILITAIRES

HENRI CHARLES-LAVAUZELLE

Libraire-Éditeur.

1886